DE LA CAPACITÉ

DES

L'ASSOCIATIONS DÉCLARÉES

(LOI DU 1er JUILLET 1901)

PAR

R. MARGAT

PROFESSEUR A LA FACULTÉ DE DROIT
DE L'UNIVERSITÉ DE MONTPELLIER

(Extrait de la *Revue trimestrielle de droit civil*, 1907, n° 1)

LIBRAIRIE
DE LA SOCIÉTÉ DU RECUEIL J.-B. SIREY & DU JOURNAL DU PALAIS

Ancienne Maison L. LAROSE & FORCEL
22, rue Soufflot, PARIS, 5° Arrondʰ

L. LAROSE & L. TENIN, Directeurs

—

1907

DE LA CAPACITÈ

DES

ASSOCIATIONS DÉCLARÉES

(LOI DU 1er JUILLET 1901)

On peut caractériser par deux traits le régime auquel étaient soumises les associations avant la loi du 1er juill. 1901.

En premier lieu, la formation de toute association de plus de vingt personnes était subordonnée à une autorisation administrative qui était donnée à Paris par le préfet de police et en province par le préfet du département. A cette condition l'association était licite, c'est-à-dire en règle avec le Code pénal. En second lieu, si elle voulait acquérir ce qu'on est convenu d'appeler la personnalité morale, c'est-à-dire le droit de posséder un patrimoine collectif distinct du patrimoine individuel de ses membres, l'association devait obtenir la reconnaissance d'utilité publique par voie de décret rendu après avis du Conseil d'État. Et — il est à peine besoin de le rappeler — cette faveur était seulement accordée aux associations qui par un fonctionnement régulier et prolongé avaient affirmé leur vitalité et possédaient un certain capital.

La loi du 1er juill. 1901 proclame le principe de la liberté d'association et supprime ainsi la première règle. Elle entame encore largement la seconde en transformant le caractère de la reconnaissance d'utilité publique. Tandis qu'autrefois cette reconnaissance avait pour objet de conférer à l'association la personnalité morale, actuellement toute association en est investie de plein droit sous la seule condition de faire une déclaration à la préfecture (1). Sans doute, nous le verrons, l'association simplement déclarée ne jouit que d'une capacité limitée (elle n'a pas le droit de recueillir des libéralités) et si elle veut la compléter elle devra se faire reconnaître d'utilité publique; mais il n'en reste pas moins qu'en vertu d'une simple mesure de publicité, indépendamment de toute concession arbitraire de l'autorité, elle est apte à posséder un patrimoine collectif.

Cette innovation, dont nous aurons à mesurer la portée théorique et pratique, ne fut réalisée qu'après de longs débats. Tel n'était pas en effet le système primitif du Gouvernement.

Partant de cette idée que la capacité juridique est un privilège qui doit être individuellement concédé aux seuls groupements dont l'utilité a été constatée, le projet Waldeck-Rousseau considérait l'association comme un contrat destiné à régler les rapports des personnes, mais complètement étranger au régime des biens. L'association déclarée — elle devait toujours l'être d'après le projet — ne jouissait à aucun degré de la personnalité morale. Les directeurs ou administrateurs pouvaient simplement la représenter en justice. Toutefois, comme une collectivité ne peut vivre sans ressources, si minimes soient-elles, le projet permettait aux associés, en vue d'alimenter l'association, de lui juxtaposer une société civile ou commerciale et, à défaut de convention spéciale, une simple indivision. On pensait ainsi écarter tout danger de mainmorte. Car, en cas de société, chaque associé peut toujours réclamer sa part à l'expiration du terme fixé par le contrat ou à un moment quelconque si la société est à durée illimitée, pourvu que ce ne soit pas de mauvaise foi

____

(1) Art. 5 de la loi du 1er juill. 1901.

et à contre-temps (art. 1869, C. civ.). Et, en cas d'indivision, chaque communiste a toujours le droit de provoquer le partage, à moins qu'il n'y ait eu une convention contraire, qui d'ailleurs n'est pas obligatoire au delà de cinq ans (art. 815, C. civ.). On n'a donc pas à redouter de voir s'immobiliser dans les mêmes mains des capitaux soustraits à la libre circulation des biens.

Très ingénieux en apparence, ce système ne devait pas triompher devant le Parlement.

Outre que ce dédoublement de l'association en deux contrats se heurte à de graves objections théoriques[1], la combinaison inaugurée par Waldelck-Rousseau fut critiquée à un double point de vue.

Tout d'abord la Commission de la Chambre des députés — et cette idée fut reprise à la tribune par M. Ribot — fit observer que ces sociétés annexes, dont la faculté d'acquisition est illimitée, seraient susceptibles de prendre un développement considérable et par là même une influence qui dans certains cas présenterait tous les dangers de la mainmorte. De plus et surtout on pouvait reprocher au projet de méconnaître le caractère économique et social de l'association, pour s'en tenir à une conception trop rigoureusement individualiste.

Il ne suffit pas de permettre aux associations de se former librement. On doit encore faciliter l'exercice de cette liberté en leur donnant les moyens d'atteindre le but visé par elles. Et pour cela il est nécessaire de leur reconnaître, dans une certaine mesure tout au moins, le droit de posséder un patrimoine collectif à l'abri des chances de dislocation. La Commission de la Chambre des députés, s'inspirant de ces idées, fut d'avis d'accorder directement aux associations simplement déclarées une personnalité morale restreinte qu'on a dénommée dans le langage parlementaire la *petite personnalité* et qui rappelle celle conférée aux syndicats

---

(1) M. de Vareilles-Sommières, *Les personnes morales*, p. 374. V. aussi les observations présentées à la Chambre des députés par M. Piou dans la séance du 5 févr. 1901, *Journal off.*, p. 31.

professionnels par la loi de 1884. C'est cette proposition qui a définitivement passé dans la loi.

I

Cette reconnaissance de la petite personnalité de plein droit au profit de l'association simplement déclarée apparaît comme l'aboutissement d'un mouvement de personnification qui se dessinait depuis longtemps dans la législation et la jurisprudence.

Un certain nombre de lois accordaient déjà en bloc la personnalité, indépendamment de toute reconnaissance individuelle d'utilité publique, à toutes les associations reproduisant un certain type déterminé par elles.

C'est la loi du 21 juin 1865, qui consacre la personnalité des associations syndicales de propriétaires ruraux, et dont les dispositions ont été étendues aux associations de propriétaires urbains par la loi du 12 déc. 1888.

C'est ensuite la loi du 21 mars 1884, qui accorde aux syndicats professionnels une capacité limitée et dont s'est largement inspiré le législateur de 1901 en établissant le régime des associations simplement déclarées.

C'est enfin la loi du 1er avr. 1898, sur les sociétés de secours mutuels, qui reconnaît aux sociétés libres et aux unions de sociétés libres une personnalité restreinte, mais déjà plus étendue que celle des syndicats professionnels.

Et on relevait dans la jurisprudence les symptômes de la même évolution. Sous la poussée des nécessités de la pratique et peut-être aussi sous certaines influences doctrinales, les tribunaux s'efforçaient d'atténuer les conséquences logiques, mais très rigoureuses, de l'absence de personnalité chez les associations autorisées, mais non déclarées d'utilité publique. Ils en étaient arrivés à faire bénéficier d'une demi-capacité celles de ces associations qui poursuivaient un but d'utilité générale. La jurisprudence leur reconnaissait ce qu'on a appelé l'*individualité*, situation intermédiaire entre l'absence complète de capacité et l'entière per-

sonnalité(1). Cette curieuse construction, qui ne présente
plus guère à l'heure actuelle qu'un intérêt rétrospectif et
dont il nous suffira d'indiquer les grandes lignes, fut
d'abord édifiée dans le but de soustraire ces associations à
l'application gênante de la vieille règle « nul ne plaide en
France par procureur », en vertu de laquelle le nom de
tous les associés devait figurer dans tous les actes de la
procédure. Grâce à l'individualité, l'association pouvait se
faire représenter en justice par ses gérants, ce qui simpli-
fiait singulièrement la procédure. Le premier arrêt en ce
sens est un arrêt de la Cour de cassation du 20 févr. 1844
(D. 44. 4, vº *Action*, nº 3, S. 44. 1. 302). Cet arrêt, statuant
au sujet d'une société d'arrosage, déclare qu'une telle association, « reconnue par l'administration et procédant avec
son autorisation, peut, lorsqu'elle est reconnue avoir un but
d'intérêt général plutôt que d'intérêt privé, être considérée
comme un établissement public et par suite agir collectivement en justice par le ministère de ses syndics ». La même
solution est affirmée dans les arrêts de Cassation du 21 mai
1851 (D. 51. 1. 124) et du 30 août 1859 (D. 59. 1. 365). Dans
toutes ces hypothèses il est à noter que les statuts de l'association conféraient spécialement aux gérants le pouvoir de
représenter l'association en justice.

Plus tard la Cour de cassation va plus loin dans cette
voie.

L'arrêt du 25 mai 1887 (D. 87. 1. 289) décide que la représentation en justice par les gérants est possible même
dans le silence des statuts sur ce point. « Elles peuvent (les
sociétés d'encouragement pour l'amélioration de la race che-
valine) ester en justice par leur comité d'administration
nommé en assemblée générale, alors même qu'un pouvoir
spécial ne lui aurait pas été conféré à cet effet par les statuts ».

Et la jurisprudence ne devait pas s'en tenir là.

Ce n'était pas assez en effet, si on voulait faciliter le
fonctionnement de ces associations, de permettre aux ad-

____

(1) Planiol, *Traité élementaire de droit civil*, 3ᵉ édit., t. II, p. 658.

ministrateurs de les représenter en justice. Il fallait encore
les autoriser à passer des contrats. Or cette solution est
impliquée par l'arrêt de cassation du 2 janv. 1894 (D. 94.
1. 82), intervenu dans l'affaire de la Société hippique de
Cavaillon. Cet arrêt déclare « idoines à fonctionner », dans
l'ordre de l'entreprise déterminée par les statuts, les associations fondées dans un but d'intérêt général. Et le rapporteur, M. Cotelle, avait constaté que ces associations, douées
d'une vitalité relative, pouvaient faire des contrats de loca-
tion, de fournitures ou autres. Or ces contrats peuvent avoir
pour objet l'acquisition de la propriété. L'association douée
d'individualité peut donc acquérir.

Mais là s'arrête sa capacité. La jurisprudence ne lui a
jamais permis de recevoir des libéralités, dons ou legs.

D'autre part, il convient de noter que ce système de l'individualité n'était pas étendu aux associations à but purement égoïste, bien qu'on puisse citer quelques décisions
tendant à prouver que la jurisprudence admettait facilement
l'existence d'un but d'intérêt général (1).

Même ainsi limitée, la conception jurisprudentielle était
des plus hardies et avait même soulevé dans la doctrine
quelques protestations. La même tendance libérale s'affir-
mait donc dans la législation et dans la jurisprudence.

Le phénomène d'ailleurs n'est pas spécial à la France.
Un processus semblable se constate dans la plupart des États
européens. Ainsi que le fait remarquer M. Michoud dans
son beau livre sur la théorie de la personnalité morale, il
semble bien qu'une transformation se soit produite dans la
conception du rôle de l'État (2).

Au xviiie siècle et dans la première partie du xixe, l'État
estime qu'il a seul mission d'apprécier les exigences du bien
public et d'y donner satisfaction. Sur ce terrain il prétend à
un véritable monopole. Il considère les collectivités à but

______

(1) V. Cass., 25 juin 1866, *Cercle de Montbard* (S. 66. 1. 358); — Dijon,
15 mars 1899, *Revue des sociétés*, 1899, p. 303; — Trib. civ. Narbonne, 3 janv.
1901, *Revue des sociétés*, 1901, p. 289.

(2) Michoud, *La théorie de la personnalité morale et son application au
droit français*, p. 392.

d'intérèt général non comme des alliées, mais des rivales qu'il peut être dangereux de laisser grandir. S'il leur permet de se former librement, il doit se montrer très parcimonieux dans l'octroi de la personnalité morale d'où résultera pour elles un surcroît de puissance et de vitalité. Il ne l'accordera qu'à de rares privilégiées par acte spécial et après vérification individuelle. Mais peu à peu à ce système du Polizeistaat, suivant les expressions de la doctrine allemande, se substitua celui du Rechtsstaat ou du Kulturstaat. Dans cette conception nouvelle, l'État renonce à pourvoir par ses seuls organes à l'infinie variété des besoins sociaux chaque jour plus complexes. Les groupements indépendants lui apparaissent comme pouvant être des auxiliaires dans l'accomplissement de sa mission civilisatrice. Il doit donc laisser en principe la vie corporative s'épanouir librement. La personnalité morale cesse d'être une faveur accordée arbitrairement. Sauf quelques rares exceptions justifiées par des motifs d'une gravité spéciale, elle devient pour les associations un véritable droit, pourvu qu'elles remplissent certaines conditions.

C'est seulement dans la mesure où l'enrichissement exagéré des patrimoines collectifs peut constituer un péril politique ou économique que l'État a le devoir d'intervenir pour limiter leur capacité juridique.

Voilà bien le système vers lequel tendent de plus en plus les législations étrangères.

En Angleterre [1], où la liberté d'association est pleinement reconnue [2], l'association ne jouit pas de plein droit de la personnalité morale. Mais un grand nombre d'associations (Trade-Unions, associations littéraires, scientifiques ou artistiques, sociétés amicales) peuvent l'acquérir par un

____

(1) Nous empruntons la plupart de ces renseignements de droit comparé aux études du Conseil d'État sur le droit d'association dans les législations étrangères (Paris, Imprimerie nationale, 1899).

(2) Il y a toutefois deux exceptions. La législation anglaise prohibe :

1° les sociétés secrètes, les sociétés qui auraient des ramifications ou des succursales ou qui correspondraient avec d'autres sociétés;

2° Les congrégations religieuses d'hommes dépendant de l'Église romaine.

simple dépôt et un enregistrement des statuts. Toute association qui veut obtenir le bénéfice de l'enregistrement doit
adresser sa demande au *Chief Registrar* en y joignant deux
exemplaires des statuts et la liste des administrateurs. Le
Chief Registrar, s'il constate que la société remplit les conditions fixées par la loi, délivre un certificat d'enregistrement.

Dans le cas contraire, il refuse de l'enregistrer, mais la
société peut faire appel de sa décision devant la Haute-Cour
d'Angleterre (1).

En Allemagne, si on fait abstraction de sociétés à but
économique, qui ne peuvent acquérir la capacité juridique
que par voie de concession, c'est-à-dire au moyen d'une
autorisation donnée dans chaque État et conformément aux
lois de cet État, le système admis comme système de droit
commun par le Code civil est celui de l'*immatriculation* (2).
En vertu de l'article 21, toute association licite inscrite sur
le registre des associations a la capacité juridique. L'autorité administrative, il est vrai, a le droit de faire opposition
à l'enregistrement lorsque l'association est illicite (3), ou
peut être interdite d'après les règles du droit public, ou
encore quand elle poursuit un but politique, de politique
sociale ou religieuse (art. 61).

La Suisse se montre beaucoup plus libérale. D'après le
Code fédéral suisse des obligations, toute association licite
— et on sait qu'en Suisse la liberté d'association ne comporte de restrictions que pour les congrégations religieuses
— acquiert la personnalité morale par son inscription sur
les registres du commerce (4).

Mais le même Code laisse aux associations la faculté, si
elles le préfèrent, de se soumettre au point de vue de leur
capacité à la législation de chaque canton. Et quelquefois

____

(1) Jean Clos, dans les *Études du Conseil d'État*, p. 85.
(2) Saleilles, *Les personnes juridiques dans le Code civil allemand, Revue de droit public*, 1901, p. 208.
(3) Ce caractère doit être apprécié d'après la législation particulariste de
chaque État.
(4) L'avant-projet du Code civil maintient le même système.

elles pourront y avoir intérèt. Car dans certains cantons on n'a pas craint de reconnaître de plein droit la personnalité aux associations indépendamment de toute déclaration à l'autorité publique. C'est ce que décide l'article 26 du Code civil de Zurich.

Voilà donc un groupe de législations qui se contentent d'une simple mesure de publicité pour permettre à l'association de posséder un patrimoine collectif.

Il en est même qui sont allées plus loin. Nous venons de dire qu'à Zurich l'association dès qu'elle est formée est *ipso facto* investie de la personnalité juridique. De même en Autriche[1], où la liberté d'association est assez gravement entravée, l'article 26 du Code civil autrichien voit une personne morale dans toute association licite. Ces législations consacrent la libre personnification.

Enfin, même dans les pays où on a conservé le principe de la concession de la personnalité par acte spécial de l'autorité publique, on constate une tendance à en atténuer la portée.

En Hollande, où existe la liberté d'association, l'article 5 de la loi du 22 avr. 1855 décide que la personnalité morale est concédée par la loi ou par le Roi. Mais l'application de ce principe est immédiatement limitée par l'article 7, aux termes duquel la reconnaissance ne sera refusée que pour des motifs basés sur l'intérêt général [2]. Il n'est donc pas nécessaire que l'association justifie de son caractère d'utilité publique. Il suffit qu'elle ne poursuive pas un but contraire à la prospérité générale du pays. Nous sommes déjà loin de la reconnaissance d'utilité publique telle qu'elle est comprise en France.

On peut faire la même constatation pour l'Italie [3]. L'article 2 du Code civil italien dispose que l'association ne jouit de la personnalité morale que si elle a été légalement reconnue. Cette reconnaissance, qui correspond exactement à notre déclaration d'utilité publique (elle est accordée par un

(1) Voir Michoud, *op. cit.*, p. 397.
(2) *Etudes du Conseil d'État*, p. 189.
(3) Grunbaum, dans le *Recueil du Conseil d'État*, p. 169.

décret royal rendu après avis du Conseil d'État), devait,
dans la pensée de la loi, constituer une faveur réservée aux
seuls groupements qui, ce sont les expressions mêmes du
rapporteur au Sénat, M. Vigliani, « répondent à un besoin
social et permanent ». Mais la pratique administrative a
considérablement élargi cette conception. Le Conseil d'État
italien accorde la reconnaissance à toute association régulièrement constituée et poursuivant un but licite, sans
même exiger qu'elle soit en possession d'un certain capital.
De telle sorte que, en réalité, la reconnaissance n'est plus
un privilège réservé aux œuvres d'utilité publique, mais
la simple constatation du caractère légal de l'association.

Enfin, il convient d'observer que dans les pays comme la
Belgique, où il est appliqué avec le plus de rigueur, le système de la concession est aujourd'hui vigoureusement atta-
qué. Certains projets de réforme (1) accordent de plein droit
aux associations charitables la personnalité, pourvu qu'elles
réalisent les conditions déterminées à l'avance par la loi.

Il est donc permis d'affirmer qu'à la veille de la loi de 1901
le même courant libéral traversait avec une intensité va-
riable presque toutes les législations et les orientait vers un
régime de plus en plus favorable aux associations. C'est
sous son influence que la loi nouvelle reconnaît aux associations simplement déclarées une certaine capacité dans
l'article 6 ainsi conçu :

« Toute association régulièrement déclarée peut, sans
aucune autorisation spéciale, ester en justice, acquérir à
titre onéreux, posséder et administrer, en dehors des subventions de l'État, des départements et des communes :

1º Les cotisations de ses membres, les sommes au moyen
desquelles ces cotisations ont été rédimées, ces sommes ne
pouvant pas être supérieures à 500 francs ;

2º Le local destiné à l'administration de l'association et à
la réunion de ses membres ;

3º Les immeubles strictement nécessaires à l'accomplissement du but qu'elle se propose ».

____

(1) V. Rivière, dans *Réforme sociale* du 16 janv. 1901, p. 165 et suiv.

II

Quelles sont exactement les limites de cette capacité?

La réponse à cette question nous paraît dans une large mesure influencée par la solution donnée au problème de la personnalité morale. Nous ne pouvons bien entendu présenter ici incidemment un exposé détaillé des nombreuses théories édifiées sur ce point. Il nous suffira de rappeler à grands traits les tendances générales dont elles procèdent et de signaler les conséquences qui en découlent au point de vue spécial qui nous occupe.

Or on peut ramener à trois les courants principaux qui dominent en France toute cette évolution doctrinale.

Les uns voient dans la personne morale une fiction, les autres la tiennent pour une réalité. D'autres enfin la nient comme inutile et dangereuse.

Pendant longtemps, sous l'influence de Savigny et de son école, on fut généralement d'accord pour considérer la personnalité morale comme une création artificielle de la loi[1]. En vue de faciliter le commerce juridique, la loi, par un acte de sa puissance souveraine, appelle à la vie des êtres fictifs à qui elle suppose une volonté et qui vont devenir sujets de droit. D'où un certain nombre de corollaires importants :

Du moment que la personnalité morale ne repose sur aucune réalité et est exclusivement l'œuvre de la loi, il appartient au législateur de l'accorder ou de la refuser à son gré. Elle est une faveur octroyée aux seuls groupements qui en semblent dignes. Mais qui dit faveur dit arbitraire. Et n'est-il pas à craindre que seuls en bénéficient les collectivités agréables à l'État?

De plus, la personne morale étant une fiction, elle ne saurait prétendre à la même capacité que les personnes physi-

---

(1) Jusqu'à ces dernières années c'était le système couramment admis en France. V. notamment Baudry-Lacantinerie et Fourcade, *des Personnes*, t. I, § 296 ; — Ducrocq, *Cours de droit administratif*, 7ᵉ éd. t. IV, n° 1372 ; — Laurent, *Droit civil*, t. I, nᵒˢ 287-288 et s.

ques (1). Le législateur en effet lui donne seulement la vie dans la mesure où cela est nécessaire pour lui permettre de remplir plus facilement sa mission. Elle n'a d'existence qu'en vue et dans les limites de sa destination. En dehors de là elle n'est rien. Par conséquent tous les actes qui tendent à faire dévier la personne morale du but spécial pour lequel elle a été créée sont nuls comme ayant été faits par un incapable ou plus exactement par un non-être.

En d'autres termes, dans cette conception le principe de la *spécialité* des êtres collectifs apparaît comme une véritable règle de droit civil dont l'application doit être assurée par les tribunaux judiciaires (2).

Enfin si la personnalité morale est une concession de la volonté législative, elle revêt par là même un caractère exceptionnel. Et par suite, les textes qui délimitent sa capacité doivent recevoir une interprétation rigoureusement restrictive. Car on ne saurait perdre de vue qu'elle ne peut puiser aucun élément de vie en dehors du verbe créateur de l'État.

Aux antipodes de ce système, beaucoup d'auteurs enseignent au contraire que loin d'être un être imaginaire, engendré par le caprice du législateur, la personne morale a une existence réelle et jouit d'une vie propre, abstraction faite de toute intervention de l'autorité publique.

Mais on peut concevoir cette personne réelle de façons très diverses.

Tous ceux qui acceptent la définition classique du droit subjectif — « une puissance attribuée à une volonté par le droit objectif » — sont naturellement amenés, pour prouver la réalité de la personne morale, à démontrer en elle l'existence d'une volonté.

Mais c'est précisément cette volonté qui est difficile à découvrir; car les actes de volition de la personne morale semblent bien n'être que le produit des volontés individuelles de ceux qui la représentent.

(1) Capitant, *Indroduction à l'étude du droit civil*, 2 éd., p. 165, note 3.
(2) Tous les partisans du principe de la spécialité règle de droit civil sont en même temps des tenants de la théorie de la personnalité fictive.

Et dès lors comment parler sans métaphore de volonté
collective ?

Certains prétendent résoudre la difficulté en affirmant
que les groupements forment des organismes vivants dont
les hommes sont les cellules. Chacun de ces organismes
serait pourvu d'une intelligence et d'une conscience collec-
tives et par suite serait susceptible d'avoir une volonté propre (1).

D'autres au contraire, comme Beseler, le créateur de la
Willenstheorie, dont la pensée a été reprise et magistrale-
ment développée par Otto Gierke (2), enseignent que si la personne morale ne constitue pas, comme l'ont prétendu certains sociologues, un organisme physiologique, elle n'en est
pas moins douée d'une unité réelle. C'est qu'en effet, de
même que sous l'action de la force vitale, il se forme dans
le corps humain un être distinct des éléments physiques qui
le composent — de même dans les associations, de toutes
les volontés individuelles mises en commun dans un but
identique, se dégage une volonté collective ayant une vie
propre, indépendante et susceptible de devenir sujet de
droit.

D'autres encore, comme M. Hauriou (3), ont cherché l'explication dans la réalité du phénomène de la représentation.
Sur toute décision à prendre les volontés individuelles des
membres du groupe s'amalgament et se fondent en une volonté unique qui s'impose, persiste et doit être considérée
comme la volonté de la collectivité elle-même.

Enfin, plus récemment, M. Michoud (4) a essayé d'asseoir
sur une autre base le système de la personnalité réelle. Rejetant la conception classique d'après laquelle la volonté est

(1) V. Worms, *Organisme et sociétés*, thèse Paris, 1896, p. 59; Novicow,
Conscience et volonté sociales, p. 112-113. Cette doctrine est de plus en plus
abandonnée par les sociologues eux-mêmes. V. Michoud, *op. cit.*, p. 73, et
les auteurs cités par lui.

(2) Otto Gierke, *Deutches Privatrecht*, t. I, § 59.

(3) Hauriou, *De la personnalité comme élément de la réalité sociale*, dans
Revue générale de droit, 1898, p. 5. — *Adde, Leçons sur le mouvement social*, p. 92 et s., et 2ᵉ append., p. 144 et s.

(4) Michoud, *op. cit.*, p. 99 et s.

M.   2

l'essence même du droit, il définit le droit subjectif « *un in-térêt d'un homme ou d'un groupe d'hommes juridique-ment protégé au moyen de la puissance reconnue à une volonté de la représenter ou de la défendre* ». Dès lors, pour qu'un groupement puisse être sujet de droit, il n'est plus né-cessaire qu'il ait par lui-même une volonté. Il suffit qu'il ait un intérêt. La personne morale existe donc réellement dans l'association du moment qu'à côté des intérêts indivi-duels de ses membres, apparaît un intérêt collectif distinct de ces intérêts individuels.

Ce n'est point ici le lieu de présenter une critique même superficielle de ces diverses conceptions, dont aucune d'ail-leurs ne me paraît pleinement satisfaisante. Qu'il me suffise de constater que ces différentes doctrines se rencontrent en un même point. Toutes affirment le caractère réel de la per-sonne morale et par là même proclament la capacité natu-relle et spontanée des associations. Et cette idée engendre des déductions qui font nettement antithèse à celles que nous tirions tout à l'heure de la théorie de la fiction.

Puisque la personnalité morale existe dès qu'un groupe-ment remplit certaines conditions, l'État n'a pas à la créer à la façon d'un magicien qui d'un coup de baguette ferait sor-tir l'être du néant. Il se borne à la reconnaître comme il re-connaît la personnalité des individus qui naissent vivants et viables.

Ce n'est point à dire, d'ailleurs, que cette reconnaissance soit due à toute collectivité qui y prétend. Il serait inadmis-sible que l'État restât désarmé en présence de groupements dont le développement pourrait devenir un danger social. A lui d'apprécier souverainement si l'intérêt général ne com-mande pas de méconnaître la personnalité de certains grou-pements ou d'amputer celle de certains autres en limitant leur capacité à des actes déterminés. Mais l'État doit se ren-dre compte qu'en ce faisant, il ne remplit plus, suivant l'ex-pression de M. Michoud, sa mission normale d'interprète du droit (1), il intervient à titre de pouvoir de police, et par

____

(1) Michoud, *op. oit.*, p. 35.

suite son action restrictive n'est légitime que si elle se justifie par d'impérieuses considérations d'ordre public.

En d'autres termes, il ne s'agit pas de se demander, comme
dans la théorie de la fiction, si l'État doit octroyer la personnalité à telle association, mais bien — ce qui est exactement le contraire — s'il a des raisons suffisantes pour dé-
truire ou ligoter la personnalité de cette association.

Et cette doctrine engendre une autre conséquence très
notable.

Si la personnalité morale existe, abstraction faite de
toute concession législative, on est amené à concevoir cette
personnalité avec la même étendue que celle des personnes
physiques. Elle doit comporter les mêmes droits, entraîner
les mêmes prérogatives, sauf les restrictions expressément
formulées par la loi. Le principe de la spécialité n'est donc
pas, comme dans la théorie de la fiction, un principe de
limitation de la personnalité, mais une simple règle de
police administrative. En d'autres termes, s'il incombe à
l'administration, par l'exercice de son droit de tutelle et de
contrôle dans les cas où elle est appelée à l'exercer, de
maintenir la personne morale dans le cadre de son activité
normale, les actes faits par la personne morale ne sauraient
être annulés par les tribunaux civils sous prétexte qu'ils ne
tendent pas au but spécial en vue duquel elle s'est constituée.

Enfin la personnalité morale n'étant pas un privilège
concédé arbitrairement par l'État, mais un attribut naturel
qu'il se borne à reconnaître, elle apparaît comme un phénomène normal et non plus exceptionnel. Donc les textes
dans lesquels la loi réglemente la capacité des personnes
morales ne devront pas être interprétés restrictivement. A la
jurisprudence il appartiendra de compléter la liste des actes
permis en s'inspirant d'analogies plus ou moins directes (1).

Telles sont les solutions très libérales auxquelles condui-
sent logiquement toutes les doctrines qui admettent la réalité de la personne morale.

Mais — et c'est une idée qui ne me paraît pas avoir été

(1) Hauriou, *op. cit.*, p. 267.

suffisamment mise en relief — elles s'imposent également à ceux qui rejettent comme inutile la notion même de personnalité et font purement et simplement reposer tous les droits de l'association sur la tête de ses membres (1).

Ces auteurs partent de ce principe, déjà formulé par Ihering (2) dans l'*Esprit du droit romain*, c'est que l'homme seul peut être titulaire de droits. Un droit n'existe, en effet, qu'autant qu'il est susceptible de procurer une utilité à son destinataire. Or, comment une personne morale, c'est-à-dire une abstraction, pourrait-elle tirer avantage d'un droit? En réalité, les droits qui composent son patrimoine ne profitent et ne peuvent profiter qu'à des êtres en chair et en os, aux membres présents et futurs de la corporation. Ce sont eux qui sont les véritables sujets de ces droits. En dehors d'eux il n'y a rien. Ce n'est point à dire d'ailleurs que chaque associé ait sur le fonds social des droits identiques à ceux qu'il possède sur ses autres biens. En entrant dans l'association, les associés ont visé un but commun et pour l'atteindre, ils ont dû consentir à former un patrimoine distinct de leur patrimoine propre et obéissant à des règles spéciales :

1° Le droit des associés est considéré comme mobilier, alors même que le fonds social comprend des immeubles.

2° La société peut ester en justice sous son nom, par l'intermédiaire de son gérant, sans que les associés aient à figurer dans l'instance.

3° L'actif social reste le gage exclusif des créanciers sociaux. Ceux-ci n'ont pas à redouter le concours des créanciers personnels des associés.

Et comme conséquence, les créances ou les dettes de la société ne peuvent pas se compenser avec celles qui sont personnelles aux associés.

---

(1) V. dans Michoud, p. 39, l'exposé d'une autre théorie, qui, tout en rejetant la notion de personne morale, considère le patrimoine collectif comme appartenant non point aux membres de l'association, mais au but poursuivi par elle (*Zweckvermögen*).

(2) Ihering, *Esprit du droit romain*, trad. Meulenaere, t. IV, p. 326.

Mais il est inutile pour expliquer ces trois règles — la démonstration a été faite par M. Van Den Heuvel[1] et à sa suite par M. Mongin[2] — d'attribuer le patrimoine à un être nouveau, la personne morale.

La première s'explique par des raisons d'ordre pratique. La loi a voulu éviter aux associés les inconvénients résultant des formalités auxquelles se trouvent soumis les transferts immobiliers.

La seconde constitue simplement une dérogation à la règle vieillie et de plus en plus abandonnée « Nul ne plaide en France par procureur ».

Quant à la troisième, de beaucoup la plus importante, on l'explique en disant que les associés ont tacitement stipulé une séparation des patrimoines résultant de l'affectation de certains biens aux besoins de l'association.

On peut donc maintenir que tous les droits restent sur la tête des individus membres de l'association ; seulement ces droits affectent une forme particulière, sont soumis à un régime spécial, le régime de la *propriété collective*, dont la caractéristique est d'être un régime unitaire, c'est-à-dire de soustraire le patrimoine commun à l'action des volontés individuelles et cela grâce aux trois prérogatives signalées. De sorte que, à distance, tout se passe comme si tous les associés ne faisaient qu'une seule et même personne. L'esprit devait donc tout naturellement être tenté de personnifier l'association et d'attribuer à cette personne des droits, des obligations, en un mot un patrimoine.

Mais ce n'est là qu'une manière de parler, un procédé commode d'exposition, un moyen de simplifier la description d'une situation complexe. « Elle est la projection sur notre écran intellectuel de l'association soumise au régime décrit »[3]. En réalité, cette prétendue personne morale n'a pas d'existence en dehors des associés.

« L'idée de personnalité morale, dit excellemment M. Pla-

(1) Van Den Heuvel, *De la situation légale des associations sans but lucratif en France et en Belgique*, 2ᵉ éd., p. 42 et suiv.

(2) Marcel Mongin, *Revue critique*, 1890, p. 097.

(3) De Vareilles-Sommières, *Les personnes morales*, p. 225.

niol[1], n'est autre chose qu'une conception simple, mais superficielle, qui cache aux yeux la persistance jusqu'à nos jours, de la propriété collective à côté de la propriété individuelle ».

Et la même idée est exprimée par M. Berthélemy[2] dans les termes suivants : « Nous pouvons être de trois manières propriétaires d'un champ ou d'un troupeau : *individuellement*, c'est-à-dire chacun pour une part divise, pour un nombre déterminé de bêtes ; *indivisément*, c'est-à-dire chacun pour une quote-part du champ ou du troupeau ; *collectivement*, c'est-à-dire à nous tous envisagés comme n'étant qu'un ».

Ce système de la propriété collective, qui à mon sens explique très heureusement la situation des associations de droit privé[3], a, comme les théories réalistes, le mérite d'affirmer la capacité spontanée et naturelle des associations. La propriété collective, en effet, est un régime naturel qui se retrouve à toutes les époques et dans tous les pays.

Le législateur ne la crée pas, il ne peut qu'en reconnaître l'existence.

Voici des particuliers qui s'associent et veulent affecter certains biens à un but déterminé, scientifique, artistique, littéraire... Ils entendent que le patrimoine d'affectation forme une masse à part, complètement séparée de leurs biens propres, qu'il soit soumis à une gestion collective et échappe à toute emprise individuelle pendant toute la durée de l'association.

---

(1) Planiol, *op. cit.*, 2ᵉ éd., t. I, nᵒ 1967. Cf. dans la 4ᵉ éd., nᵒˢ 3007 et 3017.

(2) Berthélemy, *Traité élémentaire de droit administratif*, 4ᵉ éd., p. 32.

(3) M. Michoud lui-même (*op. cit.*, p. 63) ne semble pas éloigné de penser que la théorie de la personnalité réelle suffit à rendre compte de la situation des groupements de droit privé, mais il croit devoir la repousser, parce que d'après lui, l'idée de patrimoine collectif est insuffisante à expliquer l'unité et la perpétuité des personnes morales du droit public. — L'objection ne me paraît pas décisive. Serait-il démontré que cette conception est trop courte pour s'adapter aux personnes morales du droit public, je ne verrais pas de raison pour la rejeter, en tant qu'elle s'applique aux associations de droit privé. Pourquoi vouloir quand même trouver une seule et même explication pour des phénomènes de nature différente? (V. dans le même sens, Cézar-Bru, *La personnalité morale, Rev. gén. de droit*, 1906, p. 345.

En présence d'une pareille convention, la loi peut prendre deux attitudes : ou bien prohiber la formation de ce patrimoine de mainmorte et déclarer que contrairement à leur volonté les associés resteront dans l'indivision. Ou bien laisser cette convention ressortir à effet, c'est-à-dire permettre aux associés de se soumettre au régime qu'ils ont eu en vue et qui est celui de la propriété collective. Mais dans ce dernier cas, il est manifeste que le législateur ne crée rien. Il se borne à constater et à réglementer un phénomène social préexistant. Il est donc vrai de dire qu'envisagée de ce nouveau point de vue, la capacité de l'association n'est pas une concession arbitraire de l'Etat, mais un attribut qui lui appartient en propre. D'où cette triple conséquence :

1° La loi ne doit refuser aux associations de se soumettre au régime de la propriété collective que si l'intérêt public l'exige impérieusement;

2° Les textes énumérant les actes rentrant dans la capacité de l'association doivent être entendus largement.

3° Enfin le principe de la spécialité ne s'offre plus sous l'aspect d'un principe restrictif de capacité, mais simplement d'une règle de police administrative.

Ce sont précisément les trois propositions que nous déduisions tout à l'heure des doctrines réalistes.

Au point de vue spécial qui nous occupe — de la capacité des associations proprement dites — il n'y a donc pas intérêt à prendre parti entre la théorie de la personne morale réelle et le système des droits individuels.

Toute la question est de savoir si la capacité de l'association déclarée, telle qu'elle est formulée par l'art. 6 de la loi du 1ᵉʳ juill. 1901, doit être considérée comme une qualité spontanée que le législateur se contente de reconnaître (théorie de la personnalité réelle et de la propriété collective), ou si au contraire elle est le produit artificiel d'une concession de l'État (théorie de la personnalité fictive).

A l'exemple du Code civil allemand, la loi de 1901 ne contient sur ce point aucune déclaration de principes; et on ne saurait l'en blâmer, car ce sont là questions théoriques qui

sont et doivent rester du domaine de la science. Le projet
Waldeck-Rousseau, il est vrai, consacrait expressément
l'idée de la fiction. La personnalité morale, disait l'art. 10,
« est la fiction légale, en vertu de laquelle une association
est considérée comme constituant une personne morale
distincte de la personne de ses membres, qui leur survit,
et en qui réside la propriété des biens de l'association ».

Mais cette définition inspirée, d'une doctrine dont la réfu-
tation paraît bien aujourd'hui définitive, n'a heureusement
pas passé dans le texte voté par les Chambres.

Ce n'est point à dire d'ailleurs que l'ombre de la vieille
théorie romaniste ne se projette bien encore sur l'ensemble
de la loi. A s'en tenir aux opinions développées par la plupart des orateurs parlementaires, il paraît même que l'esprit général de la loi soit dans le sens d'une création artificielle de la capacité (1). Mais ces déclarations individuelles
et d'ordre purement doctrinal ne sauraient enchaîner l'interprétation, quand il est possible de faire jaillir du texte
lui-même un autre principe directeur. Or il me semble in-
contestable que si le législateur s'est encore laissé dominer
par l'idée de fiction légale, surtout en ce qui concerne les
associations reconnues d'utilité publique, il a cependant fait
instinctivement des concessions aux adversaires de cette
doctrine en reconnaissant aux associations simplement
déclarées une certaine capacité.

N'oublions pas en effet qu'il suffit à l'association de faire
une déclaration, c'est-à-dire d'accomplir un acte dépendant
exclusivement de sa volonté pour se voir investie de la capacité. L'article 5 dispose : « Toute association qui *voudra
obtenir* la capacité... ». C'est donc bien elle qui, suivant
l'heureuse expression de M. Hauriou (2), réalise sa capacité
comme un pouvoir propre qui lui appartient d'avance. Cette
capacité n'est pas plus une création de la loi que la personnalité de l'enfant dont la naissance vient d'être déclarée à

---

(1) Hauriou, *Précis de droit administratif et de droit public*, 6° éd.,
p. 267.

(2) Hauriou, *op. cit.*, p. 268.

l'officier de l'état civil. La vérité, c'est que dans un cas comme dans l'autre, le législateur ne fait que reconnaître une capacité naturelle préexistante. Seulement, à raison des dangers que peut présenter le développement des patrimoines de mainmorte, il restreint et réglemente cette capacité.

Cette constatation est féconde en conséquences pratiques.

III

D'abord, la capacité de l'association étant une qualité spontanée, nous sommes autorisés, comme nous l'avons montré, à donner de la loi une interprétation extensive. Et cela n'est pas indifférent. Car il est des actes que le législateur n'a pas visés et au sujet desquels l'hésitation est permise. Contrairement à ce qu'enseignent la plupart des auteurs, nous dirons : la capacité est la règle, l'incapacité l'exception; les associations déclarées ont donc le droit de faire tout ce qui ne leur est pas défendu.

1º Aux termes de notre texte, l'association déclarée peut ester en justice en son propre nom par l'intermédiaire d'un représentant. Il n'est donc pas nécessaire que les noms de tous les associés figurent dans les actes de la procédure. Les inconvénients de la règle « Nul ne plaide en France par procureur » sont ainsi écartés. Le droit de l'association est d'ailleurs absolu. Il existe devant toutes les juridictions judiciaires ou administratives, sans qu'il soit nécessaire d'obtenir une autorisation pour engager l'instance ou y défendre. Mais quel va être le représentant de l'association? Le plus souvent un article des statuts désignera un des membres du comité directeur, par exemple le président ou le trésorier. Les tiers seront renseignés sur ce point par les statuts, dont ils peuvent prendre communication au secrétariat de la préfecture ou de la sous-préfecture. Dans l'hypothèse très rare où les statuts seraient muets, les tiers assigneront valablement le chef de l'association (président ou directeur), qui *ipso facto* aura qualité pour défendre à l'action. Celui-ci au contraire devra se faire habiliter par une décision spéciale pour pouvoir entamer une instance (1).

Il est à peine besoin d'observer que le tribunal compétent pour connaître des actions dirigées contre l'association est celui de l'arrondissement de son siège social, c'est-à-dire de son domicile (art. 59, C. proc. civ.).

L'association déclarée a donc le droit d'ester en justice. Mais a-t-elle le droit de transiger? On pourrait en douter, car, de droit commun, la capacité requise pour transiger n'est pas la même que celle exigée pour plaider (Arg., art. 464 et 467, C. civ.).

Toutefois, par application du principe d'interprétation posé plus haut, nous déciderons que ce droit appartient à l'association comme conséquence du droit d'ester en justice (2). Cette solution a d'ailleurs été affirmée par le rapporteur à la Chambre des députés (3).

2° En second lieu, l'association déclarée peut posséder un patrimoine collectif. Mais, comme le dit M. Planiol (4), elle est condamnée à rester pauvre. La seule source normale d'enrichissement est pour elle le produit des cotisations de ses membres. Il est à remarquer que le mot *cotisations* a remplacé dans l'article 61 l'expression *apports mobiliers* qui figurait dans le projet et qui fut trouvée dangereuse parce que trop élastique (5).

Mais il arrive souvent qu'une clause des statuts autorise les membres de l'association à se libérer de l'obligation de payer leurs cotisations futures moyennant le versement

----

(1) V. par analogie les décisions citées par Trouillot et Chapsal, *op. cit.*, p. 514. — Cass., D. 47. 1. 301; — Trib. com. Seine, 9 août 1887, *La Loi*, 29, et 30 août 1887; — Lyon, 3 juin 1890, D. 91. 2. 30.

Dans le même sens, Benoist, Le Vavasseur, Cellier et Taudière, *Sociétés et Associations*, Paris, 1905, p. 37.

(2) En ce sens, Trouillot et Chapsal, *op. cit.*, p. 515; — Baudry-Lacantinerie, *Précis de droit civil*, 9ᵉ éd., t. II, p. 669; — Grumbach, *Les Associations et les cercles depuis la loi du 1ᵉʳ juillet 1901*, p. 39; — Benoist, Le Vavasseur, *op. cit.*, p. 37.

(3) V. la réponse de M. Georges Trouillot à M. Piou, *Journ. off.*, Chambre des députés, séance du 5 février 1901, p. 314.

(4) Planiol, *Traité élémentaire de droit civil*, t. I, 4ᵉ éd., p. 987.

(5) *Journ. off.*, Chambre des députés, séance du 5 février. Discours Waldeck-Rousseau et Trouillot, p. 313 et suiv.

d'une somme déterminée. Dans ce cas, l'article 6 décide que la somme fixée pour le rachat ne doit pas dépasser 500 francs. On craint que, sous prétexte de rachat des cotisations, on ne fasse à l'association des libéralités au mépris de son incapacité de recevoir à titre gratuit.

La restriction du rachat des cotisations à 500 francs fut du reste l'objet au Sénat des plus vives critiques.

M. Trarieux fit remarquer que la limitation établie portait sur un taux trop faible — car sa capitalisation à 10 0/0 ne représentait qu'une cotisation annuelle de 25 francs environ, ressource insuffisante pour beaucoup d'associations (1).

De plus et surtout, il semblait illogique de réduire à 500 francs le taux de rachat, alors que les cotisations peuvent être illimitées, solution qui ne saurait être sérieusement contestée en l'absence d'un texte restrictif et qui d'ailleurs fut affirmée de façon formelle par le président du Conseil (2). N'est-il pas contradictoire d'interdire à un associé de payer 501 francs pour se libérer d'un seul coup et de l'autoriser à s'engager à payer une cotisation annuelle de 2.000 francs, par exemple ?

Le Président du conseil essaya d'expliquer cette anomalie dans les termes suivants :

« En voici la raison, Messieurs, elle est très simple : c'est qu'en n'assignant pas de chiffre au rachat des cotisations, on ouvre la porte à tous les expédients à l'aide desquels peut être tournée la loi. En effet, si on dit à une personne : « Vous paierez chaque année telle somme », cela conduit cette personne à prendre chaque année une résolution, c'est un don qu'elle renouvelle annuellement. Cela est tellement vrai que, dans le système de la loi et à moins d'engagement positif contraire, le sociétaire peut toujours se retirer de la société, les engagements pris ne le sont pas pour une

---

(1) *Journ. off.*, Sénat, Déb. parlem., séance du 17 juin 1901, p. 902 et suiv.

(2) *Journ. off.*, Sénat, Déb. parlem., séance du 17 juin 1901, p. 904. — En ce sens, Trouillot et Chapsal, *op. cit.*, p. 520 ; — Grumbach, *op. cit.*, p. 40 ; — Benoist, Le Vavasseur, *op. cit.*, p. 41.

durée indéterminée. Il y a donc là un acte qui doit être renouvelé, un acte qui exclut toute pression morale et toute surprise ; c'est bien une contribution volontaire et répétée aux besoins de la société. Mais si vous n'assignez pas de chiffre au rachat des cotisations, c'est-à-dire à une opération qui se fait en une fois, vous allez, sous couleur de rachat des cotisations ouvrir précisément la porte à ces donations mobilières que l'article 6 a voulu éviter. Ces raisons me paraissent très suffisantes pour vous faire écarter l'amendement, et je demande au Sénat de ne pas le prendre en considération (1) ».

Quelle que soit la valeur législative de la distinction, cette déclaration a l'avantage de préciser le sens du mot cotisation. Dans la pensée de Waldeck-Rousseau — et aucune contradiction ne s'éleva sur ce point — la cotisation consiste dans un versement *annuel* (2), c'est-à-dire *répété*, dont le montant est déterminé par les statuts pour chaque catégorie d'associés. La loi ne contenant sur ce point aucune disposition prohibitive, les associations peuvent en effet comme par le passé avoir plusieurs espèces de membres, fondateurs, honoraires, actifs, payant des cotisations de valeur inégale.

Tout versement fait en dehors des prévisions des statuts s'analyse en une donation et tombe sous le coup de la nullité. Et il convient d'ajouter que lorsque les cotisations sont d'un taux très élevé et ne sont pas régulièrement payées par les mêmes associés, les tribunaux peuvent être appelés à rechercher si sous le couvert de cette opération ne se dissimule pas une libéralité dont il convient de prononcer la nullité. Encore une fois, le propre de la cotisation, c'est de se répéter chaque année (3). On admet cependant que la cotisation de la première année peut être majorée d'une cer-

---

(1) *Journ. off.*, Sénat, Déb. parl., séance du 17 juin 1901, p. 204.

(2) Cette interprétation est confirmée par l'article 4 de la loi du 1er juill. 1901, aux termes duquel : « Tout membre d'une association qui n'est pas formée pour un temps déterminé peut s'en retirer en tout temps, après paiement des cotisations échues et de l'*année courante*, nonobstant toute clause contraire ». Le caractère de la cotisation est donc d'être annuelle.

(3) En ce sens, Benoist, Le Vavasseur, *op. cit.*, p. 41.

taine somme qu'on qualifie de *droit d'entrée*, à la condition qu'elle soit prévue par les statuts pour chaque catégorie de membres [1].

Les cotisations, voilà donc la source qui va alimenter le patrimoine collectif. L'article 6 donne à l'association le droit de les *administrer*, ce qui implique, semble-t-il, celui de placer l'excédent de ces cotisations, si elle parvient à réaliser des économies. Ce placement peut être fait en valeurs quelconques, même en titres au porteur. L'obligation de placer les valeurs mobilières en titres nominatifs dont parle l'article 11 est spéciale aux associations reconnues d'utilité publique. La loi d'ailleurs ne fixe aucune limite au développement de la fortune mobilière de l'association déclarée.

Par contre, en matière immobilière, cette association ne peut acquérir et posséder que le local destiné à son administration et à la réunion de ses membres, ainsi que les biens *strictement* nécessaires à l'accomplissement du but qu'elle se propose (art. 6). En vertu de cette disposition, inspirée par la crainte du développement de la mainmorte immobilière, il est interdit à l'association d'acquérir à titre de placement des immeubles de rapport. Elle ne pourrait même pas acheter un immeuble pour en occuper une partie et louer l'autre. Cette solution est commandée par le texte. Le maintien du mot « strictement », dont M. Iriart d'Etcheparre [2] demanda vainement la suppression, marque bien l'intention du législateur de ne lever l'interdiction de posséder des immeubles que dans les limites rigoureuses des besoins de l'association. Il est même à présumer, cet adverbe ne figurant pas dans l'article 11, relatif aux associations reconnues d'utilité publique, que la jurisprudence se montrera plus stricte dans l'appréciation de la nécessité de l'immeuble, quand il s'agira d'une association simplement déclarée. On doit cependant admettre qu'il est loisible à l'association de

---

(1) En ce sens, Trouillot et Chapsal, *op. cit.*, p. 521 ; Benoist, Le Vavasseur, *op. cit.*, p. 40.

(2) V. amendement Iriart d'Etcheparre et la réponse du rapporteur, *Journ. off.*, Chambre des députés, Déb. parlem., séance du 5 févr. 1901, p. 314 et 315.

louer sa salle de réunion les jours où ses membres ne s'assemblent pas[1].

L'association peut encore — et c'est sa seconde cause d'enrichissement — obtenir des subventions de l'État, des départements et des communes (art. 6). Cette faculté en pratique ne lui procurera pas grandes ressources, car pour que la subvention soit valable il faut que le but poursuivi par l'association figure au nombre de ceux pour lesquels la loi permet l'affectation des ressources communales ou départementales. Ainsi il a été décidé[2], par application de l'article 2 de la loi du 30 oct. 1886, que les communes ne peuvent pas subventionner les écoles libres d'enseignement primaire.

La subvention allouée par un conseil municipal à une association ayant pour but la fondation d'écoles de cet ordre serait donc frappée de nullité.

Tels sont les éléments qui composent le patrimoine collectif. La loi nous dit que l'association déclarée peut *administrer et posséder* ces biens. La formule est équivoque. Elle ne nous éclaire pas de façon précise sur les opérations que peut réaliser l'association. En particulier on peut se demander s'il lui est loisible de consentir une aliénation ou une hypothèque, actes qui ne rentrent certainement pas dans le cadre de l'administration.

En vertu du principe dégagé plus haut, et d'après lequel, sa capacité n'étant pas une création artificielle de la loi, l'association peut faire tout ce qui ne lui est pas interdit, nous déciderons qu'elle accomplira valablement et sans aucune autorisation tous les actes de conservation ou de gestion du patrimoine collectif.

Ainsi non seulement elle peut prendre à bail un local pour y tenir ses réunions, mais encore, propriétaire d'un immeuble, elle a le droit de l'échanger contre un autre [3], de le

---

grever de servitude ou de l'hypothéquer à la sûreté d'obligations par elle contractées.

Mais si la capacité de l'association déclarée peut ainsi être élargie par une interprétation libérale quand on considère cette capacité comme naturelle et spontanée, il est cependant des restrictions qui s'imposent, car elles sont l'œuvre de la loi elle-même.

Nous en avons déjà signalé une, relative aux immeubles.

L'association déclarée ne peut acquérir que les immeubles strictement nécessaires au but visé par elle. En voici une seconde beaucoup plus importante. Elle n'a pas la faculté de recevoir des libéralités même mobilières. Cette incapacité résulte de l'article 6, aux termes duquel les associations déclarées peuvent « acquérir à titre onéreux ». D'où les acquisitions à titre gratuit sont prohibées. Et cette induction est corroborée par le rapprochement de l'article 6 et de l'article 11, qui consacre au contraire au profit des associations reconnues d'utilité publique le droit de recevoir des libéralités moyennant une autorisation. L'intention du législateur s'est du reste nettement affirmée au cours de la discussion par le rejet à la Chambre d'un amendement de M. Jules Baron tendant à conférer aux associations déclarées le droit de recevoir « les souscriptions par elles recueillies [1] » — et au Sénat d'un amendement de M. Riou qui entre autres choses attribuait aux associations déclarées le droit de recevoir « les souscriptions par elles recueillies [2] ».

Cette incapacité d'acquérir à titre gratuit est générale. Elle s'applique aux donations entre-vifs et aux legs. Les dons manuels eux-mêmes tombent sous le coup de la

qui indique les formalités à remplir en cas d'acquisitions ou d'aliénations immobilières.

[1] *Journ. off.*, Chambre des députés, Déb. parlem., séance du 5 févr. 1901, p. 317.

[2] *Journ. off.*, Sénat, Déb. parlem., séance du 17 juin 1901, p. 900. V. également même séance. Discours de M. Trarieux, p. 901 et le discours de Waldeck-Rousseau, p. 906.

prohibition, sauf bien entendu les difficultés de preuve.

Toutefois cette incapacité de recevoir des libéralités semble devoir comporter des tempéraments. Nous touchons ici à la question depuis longtemps discutée de savoir si une libéralité adressée à une association non reconnue d'utilité publique doit être tenue pour valable, à la condition bien entendu que cette reconnaissance intervienne après coup.

Il est essentiel de rappeler sur ce point les solutions reçues avant la loi de 1901.

Certains auteurs, appliquant aux associations le même système qu'aux enfants non encore conçus, décidaient que si l'association ne pouvait pas directement recevoir un don ou un legs, puisque, pour employer la terminologie classique, elle n'avait pas la personnalité morale, il lui était permis de bénéficier d'une charge imposée à un donataire ou à un légataire capable. Bien entendu, pour pouvoir profiter de l'exécution de la charge, l'association devait obtenir la reconnaissance d'utilité publique qui est l'équivalent de la naissance pour l'enfant. Une fois reconnue, l'association puisait dans la stipulation faite en sa faveur un véritable droit qu'elle pouvait faire valoir en justice (1).

Cette doctrine a été consacrée par un arrêt de la Cour de cassation du 21 juin 1870 (S. 70. 1. 367)(2), confirmant un arrêt de la Cour de Caen du 12 nov. 1869 (S. 70. 2. 145)(3).

Cette décision fut vivement critiquée(4). Elle nous semble au contraire très juridique. L'article 906 du Code civil n'édicte pas en effet une incapacité générale contre les nonconçus. Comme l'a très bien montré M. Lambert(5), il s'explique non point par une prétendue impossibilité juridique

(1) Planiol, *op. cit.*, t. III, p. 675.

(2) V. le rapport de M. le conseiller Dagallier reproduit au Sirey, 70. 1. 366.

(3) V. aussi Cass., 8 avr. 1874 (S. 74. 1. 258).

(4) Aubry et Rau, t. VII, p. 25, notes 7 et 8; Demolombe, t. XVIII, n° 590; Gauthier, *Revue critique*, 1877, t. XLIV, p. 145. Dans le même sens Michoud, *op. cit.*, p. 416.

(5) E. Lambert, *Stipulations par autrui*, Paris, 1893, §§ 165 à 187. Dans le même sens, Fénelon, *Les fondations et les établissements ecclésiastiques*, thèse Paris, 1902, p. 101. Sur la possibilité théorique de créer des droits au profit de personnes futures, voir Roguin, *La règle de droit*, p. 45.

de gratifier les non-conçus, mais uniquement par le désir
d'éviter une incertitude sur la dévolution de la propriété.
Du moment que l'on évite cette incertitude — et ceci se
produit dans les libéralités avec charge, car le droit se
trouve fixé sur la tête d'un bénéficiaire certain — il n'y a
plus aucune raison d'écarter les non-conçus. Les précédents
historiques du texte tendent du reste à prouver que l'exclu-
sion des non-conçus vise uniquement les dons et legs, mais
ne s'applique pas aux charges dont ils sont grevés à leur profit.

Quant à la jurisprudence administrative, elle établissait
la même distinction que la jurisprudence judiciaire entre
les legs et les charges d'hérédité.

Si un legs est fait directement à un établissement non
reconnu, il intervient un décret portant qu' « il n'y a pas
lieu de statuer sur la libéralité faite à....., cet établissement
n'ayant pas d'existence légale »; au contraire, si le testament
contient une simple charge d'hérédité susceptible de profiter à un établissement reconnu, l'autorité administrative
n'intervient aucunement même pour dire qu'elle n'a pas à
statuer, elle s'abstient purement et simplement. Elle laisse
ainsi entendre que ces charges peuvent s'exécuter sans son
assentissement (Théod. Tissier, *Dons et legs*, n° 74). Le
Conseil d'État a même une tendance à assimiler aux charges d'hérédité les legs de sommes minimes en faveur des
établissements non reconnus.

Et ce n'est pas tout. Depuis un décret du 16 août 1859, le
Conseil d'État, après divers revirements de jurisprudence,
admet d'une façon constante que la libéralité adressée directement à une association non reconnue d'utilité publique se trouve rétroactivement validée par la reconnaissance
obtenue postérieurement, si l'association a une existence de
fait au moment de la donation ou du décès du testateur[1].

---

(1) Sur la jurisprudence du Conseil d'État, voir Tissier, *Dons et legs*,
n° 86. Dans le même sens, Marguerie, *Étude sur les libéralités faites aux
établissements non reconnus*, Revue critique, 1878, p. 525; Jacquier, *Des
congrégations religieuses*, p. 251 et suiv. Cette opinion avait déjà été soute-
nue par Troplong, *Donations et testaments*, t. II, n° 612. — *Contrà*, Demolombe, t. XVIII, n°ˢ 586, 589; Aubry et Rau, t. VII, § 649, notes 5 et 6.

On assimile l'établissement qui fonctionne en fait à un enfant simplement conçu. Il peut donc acquérir des droits sous la condition d'être plus tard reconnu.

Cela conduit pratiquement à décider que le Gouvernement peut, par un seul et même décret, reconnaître un établissement et l'autoriser à accepter une libéralité à lui faite antérieurement.

Cette solution est parfaitement logique si on admet avec nous que l'association a une capacité spontanée que la reconnaissance vient simplement déclarer. Elle est au contraire inconciliable avec le système de la fiction, puisqu'ici, l'État créant de toutes pièces la personnalité morale, il n'y a rien même en germe tant que l'acte générateur n'est pas intervenu. C'est peut-être sous l'influence de cette idée, encore dominante en France, que la Cour de cassation rejette comme inexacte l'analogie établie par le Conseil d'Etat entre le fonctionnement de fait d'une association et la vie intra-utérine de l'enfant, et décide en conséquence que la reconnaissance d'utilité publique intervenue après coup, même accompagnée de l'autorisation d'accepter, ne saurait sauver la libéralité, de la nullité (1).

Toute cette jurisprudence antérieure à 1901 doit aujourd'hui s'appliquer *a fortiori* aux libéralités adressées à l'association simplement déclarée (2). Car autrefois l'association autorisée mais non reconnue d'utilité publique était officiellement dépourvue de toute capacité, tandis qu'actuellement l'association déclarée, si elle n'a pas la faculté de recevoir des donations ou des legs, jouit cependant d'une certaine capacité. Pour reprendre le langage parlementaire, elle est investie de la *petite personnalité*.

Nul doute par conséquent que le Conseil d'État ne consente bien à statuer par un seul et même décret sur la libéralité et sur la reconnaissance.

Dans ces conditions il est à présumer — le principal avantage de la reconnaissance consistant dans le droit d'ac-

----

(1) Cass., 12 avr. 1864 (S. 64. 1. 153) ; 14 août 1866 (S. 67. 1. 61).
(2) Michoud, *op. cit.*, p. 417.

quérir à titre gratuit — que les associations ne sollicite-
ront cette reconnaissance qu'au moment où elles auront à
accepter un don ou un legs. Et elles demanderont à la fois
les deux choses [1].

Telles sont les restrictions apportées à la capacité des
associations déclarées. L'association déclarée ne peut posséder que les immeubles strictement nécessaires à l'accomplissement du but qu'elle se propose ; le montant du rachat
des cotisations de ses membres est limité à 500 francs ; enfin
et surtout en principe elle ne peut recevoir ni dons ni legs.

Mais il ne suffit pas de savoir de quels moyens pécuniaires
peut disposer l'association déclarée.

Comme le fait remarquer avec raison M. Hauriou [2], il
y a une autre face de la capacité. A côté de la capacité des
moyens, il existe une capacité *des buts*. Ce qui revient à se
demander si les actes que peut accomplir l'association, doivent
pour être valables rentrer dans sa spécialité fonctionnelle.

La réponse à cette question dépend, avons-nous vu, du
parti que l'on prend sur le point de savoir si la capacité de
l'association est une concession de la loi ou une qualité naturelle. Admet-on que la capacité est une création artificielle de la loi, on est conduit à limiter cette capacité au but
en vue duquel s'est formé le groupement. Reconnaît-on au
contraire avec nous que la capacité préexiste à toute intervention de l'autorité publique, on est amené à concevoir
cette capacité avec la même ampleur que celle des personnes
physiques. Par conséquent, sauf bien entendu les restrictions formulées par la loi, l'acte fait par l'association ne
peut pas être annulé sous prétexte qu'il ne tend pas vers le
but visé par elle.

C'est bien cette dernière solution, semble-t-il, qu'a entendu
consacrer le législateur de 1901. Il résulte en effet de l'article 5 de la loi de 1901 que l'association a la faculté de trans-
former sa spécialité fonctionnelle, sans que sa capacité en
soit affectée. La loi lui enjoint seulement de faire une décla-

----

(1) Planiol, *op. cit.*, t. I, 4e éd., p. 987, note 3.
(2) Hauriou, *op. cit.*, p. 268.

ration indiquant les changements apportés aux statuts (1).

Et cette induction se trouve confirmée par ce fait que dans la discussion de la loi divers amendements ayant pour objet de mesurer la capacité sur le but de l'association ont été rejetés(2).

Nous déciderons cependant que l'association n'a pas le droit de faire des actes de commerce. C'est qu'en effet — comme le remarquent MM. Trouillot et Chapsal(3) — si elle se livre à des opérations commerciales elle constitue en réalité une société commerciale organisée en violation des dispositions du Code de commerce et de la loi du 24 juill. 1867. Les administrateurs doivent tomber sous le coup des pénalités édictées par la loi commerciale. Mais s'il est interdit à l'association de faire acte de commerce, il lui est loisible d'exiger une rémunération pour prix d'objets fournis ou de services rendus, pourvu que cette rétribution représente au maximum les déboursés effectués par elle(4).

Ayant ainsi précisé les limites de la capacité de l'association déclarée, il nous reste à indiquer la sanction des incapacités dont elle est atteinte. L'article 17 de la loi de 1901 dispose à ce sujet : « Sont nuls tous actes entre-vifs ou testamentaires, à titre onéreux ou gratuit, accomplis soit di-

---

(1) Cette disposition comporte une sanction pénale édictée par l'article 8 et une sanction civile spécifiée au § 2 de l'article 7.

ART. 8. — « Seront punis d'une amende de seize à deux cents francs (16 à 200 francs) et en cas de récidive d'une amende double ceux qui auront contrevenu aux dispositions de l'article 5.

« Seront punis d'une amende de seize à cinq mille francs (16 à 5.000 francs) et d'un emprisonnement de six jours à un an, les fondateurs, directeurs ou administrateurs de l'association qui se serait maintenue ou reconstituée illégalement après le jugement de dissolution.

« Seront punis de la même peine toutes les personnes qui auront favorisé la réunion de membres de l'association dissoute, en consentant l'usage d'un local dont elles disposent ».

ART. 7, § 2. — « En cas d'infraction aux dispositions de l'article 5, la dissolution pourra être prononcée à la requête de tout intéressé ou du ministère public ».

(2) Hauriou, *op. cit.*, p. 269.

(3) Trouillot et Chapsal, *op. cit.*, p. 522.

(4) V. *Journ. off.*, Chambre des députés, séance du 5 févr. 1901, p. 316 et 317. En ce sens, Trouillot et Chapsal, *op. cit.*, p. 522; Benoist Le Vavasseur, *op. cit.*, p. 47.

rectement, soit par personne interposée ou toute autre voie indirecte, ayant pour objet de permettre aux associations légalement ou illégalement formées de se soustraire aux dispositions de l'article 6... La nullité pourra être prononcée soit à la diligence du ministère public, soit à la requête de tout intéressé ».

Le texte vise tous les moyens, toutes les fraudes que peuvent employer les parties pour tourner la loi. Quelle que soit la forme sous laquelle se présentera l'acte destiné à faire échec à la disposition de l'article 6, il devra être déclaré nul. Il en sera ainsi notamment des libéralités dissimulées sous le masque de contrats à titre onéreux ou faites par personnes interposées (1). Cette nullité est d'ordre public. Elle ne peut donc pas être couverte par une confirmation expresse ou tacite. D'autre part, elle est susceptible d'être invoquée non seulement par les intéressés (acheteurs, vendeurs, donateurs, héritiers, etc...), mais encore par le ministère public. Les intéressés agiront conformément aux règles ordinaires de la procédure civile. Quant au ministère public, il assignera ceux qui à un titre quelconque sont chargés de la direction ou de l'administration de l'association; tout intéressé membre ou non de l'association pourra intervenir à l'instance (décret du 16 août 1901, art. 28). Cette faculté d'agir donnée au ministère public offrira surtout de l'utilité dans le cas où la prescription aura éteint les actions personnelles ou réelles appartenant aux parties intéressées et tendant à revenir sur l'exécution de l'acte inexistant. A quelque époque que ce soit, le ministère public pourra intervenir pour faire cesser l'état de choses contraire à la loi. Du moment que l'acte n'a pas d'existence légale, il pourra toujours faire déclarer cette inexistence (2). Cette nullité produira d'ailleurs ses effets conformément au droit commun.

La nullité est du reste la seule sanction légale des actes passés en violation de l'article 6. Il ne pourrait résulter de

(1) La preuve du déguisement ou de l'interposition se fera par tous les modes ordinaires, conformément au droit commun.

(2) Trouillot et Chapsal, *op. cit.*, p. 527.

là ni poursuites contre les administrateurs, ni dissolution de l'association (1).

Il viendra donc probablement à la pensée des associés, afin d'augmenter les ressources de la collectivité, de constituer à côté du patrimoine propre de l'association, une masse de biens indépendante affectée à l'œuvre commune. Le pourront-ils? Nous avons examiné la question à propos des associations non déclarées. Les *mêmes* solutions doivent s'appliquer ici.

Il suffit donc de les rappeler.

L'adjonction d'une société civile ou commerciale ayant pour objet d'alimenter l'association tomberait sous le coup de l'article 17, comme constituant un moyen indirect d'étendre la capacité réglementée par l'article 6.

Les discussions parlementaires ne laissent subsister aucun doute à cet égard. Ce procédé a été formellement condamné par le rejet du système proposé par Waldeck-Rousseau (2).

Par contre nous avons admis que les membres d'une association non déclarée, considérés *ut singuli*, peuvent mettre des biens en commun dans le but de pourvoir aux besoins de cette association. On ne saurait soutenir en effet, en l'absence d'un texte venant édicter cette règle, que l'entrée d'une personne dans une association a pour effet de limiter sa capacité personnelle. Le même droit doit évidemment appartenir aux membres d'une association déclarée, car autrement on ferait à cette dernière une situation moins avantageuse qu'à l'association déclarée, ce qui serait certainement contraire au vœu de la loi.

Ce second patrimoine, appartenant aux associés et affecté au but social, obéira aux règles de l'indivision. Nous croyons avoir démontré en effet que le régime de la Gesammte Hand, préconisé par quelques auteurs, en favorisant le développe-

----

(1) Déclaration Vallé au Sénat, le 17 juin 1901, *Journ. off.* du 18, Déb. parlem., p. 916. V. surtout Hauriou, *op. cit.*, p. 99 et suiv.; Grumbach, *op. cit.*, p. 43, n° 54; Benoist Le Vavasseur, *op. cit.*, p. 43.

(2) Margat, *De la condition juridique des associations non déclarées*, Revue trimestrielle de droit civil, 1905, n° 2.

ment d'une mainmorte occulte, est en complète opposition avec la volonté législative, telle qu'elle ressort nettement des textes et des travaux préparatoires [1].

Sans vouloir entreprendre pour le moment la critique de la loi nouvelle, il est peut-être permis de regretter que la capacité de l'association déclarée ait été enserrée dans des limites aussi étroites. Quoi qu'il en soit, la loi de 1901 a le grand mérite d'avoir posé le principe de la capacité naturelle et spontanée des associations, conception féconde et qui peut servir de point de départ à une nouvelle évolution législative dans un sens plus favorable aux associations. Qu'on le veuille ou non, les théories abstraites réagissent sur la marche du droit. Comme nous l'avons montré plus haut, tant qu'on a vu dans la personnalité morale une création artificielle de la loi, l'État devait se montrer très parcimonieux dans l'octroi de cette faveur. Du jour au contraire où l'on considère la capacité des associations comme un phénomène naturel qu'il a seulement le droit de réglementer au nom et dans les limites de l'intérêt public, à un régime restrictif se substitue un régime de plus en plus libéral. C'est bien la voie dans laquelle semblent s'engager les législations modernes, et en particulier la législation française [2].

R. MARGAT.

(1) Hauriou, *op. cit.*, p. 268, note 1; Michoud, *op. cit.*, p. 421, note 3.
(2) V. Margat, *op. cit.*, p. 235.

IMPRIMERIE
CONTANT-LAGUERRE

BAR-LE-DUC

www.ingramcontent.com/pod-product-compliance
Ingram Content Group UK Ltd.
Pitfield, Milton Keynes, MK11 3LW, UK
UKHW020056100726
13658UKWH00004B/1787